ようこそ！
みんなでパーティ
Let's Party

料理創作(りょうりそうさく)ユニット
Goma

パーティがはじまるよ。
さあ、なにからじゅんびする？
用意からおりょうりまで、自分で考えてみよう。
たいへんだけど、やりがいがあるし
なによりとっても楽しい。
世界でひとつだけのパーティを
ひらいてみませんか？

パーティしよう!

パーティをはじめる前に
やっておきたいことがあるよ。
じゅんびをしっかりすれば
せいこうまちがいなし!

パーティを計画する

日にちと場所、時間を決めたら
テーマを考えます。
きせつのイベントいがいにも、
どんなテーマにしたら
楽しくなるか、そうぞうしてみよう。

お客さまをしょうたいする

どんなパーティにするか考えたら、
しょうたいする人を決めます。
人が多いとじゅんびもそれだけ大がかり。
家族の人にも相談してね。

パーティのじゅんびをする

おりょうりのメニューを考えたり、
かざりつけに使う小物作りをしよう。
当日にあせらないように
きちんと計画をしておくことが大事!

パーティの楽しみ方

テーマのあるパーティは、
みんなで作りだすおもしろさがあるよ。
テーマにのって思いきり楽しんで、
わすれられない思い出を作ろう!

おりょうりの前に

さあ作ろう！っていったって
まずなにからじゅんびするの？って思うよね。
そんな人はまず、このページから読んでみて！
☆じゅんびする時はおとなの人に相談して
てつだってもらいましょう。

まずは身じたく

りょうりの前に
しっかりと手をあらうこと。
服そうはエプロンを
つけるのがオススメ。
おりょうり中に粉やソースが
とびちっても安心！

本をよく読もう

作る前に
ページ全体を
写真を見ながら
よく読んでおこう。
自分が作りたい
もののイメージを
ふくらませよう。

こころを おちつけて…
フー…

火を使う時のおやくそく

火をつけたら
けっして目をはなさないこと。
使いおわったらかならず
火を止めたことをかくにんしてから
りょうりをつづけましょう。

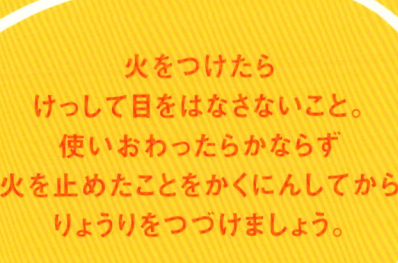

りょうりにかかせないほうちょうは、
きけんな刃ものです。
ふざけたり、ほかの人に
ほうちょうを向けたりしないこと。
使わない時は、落ちにくい場所に
おいておこう。

きをつけて〜

ほうちょうを使う時のおやくそく

パーティのじゅんび

しょうたい状を作ろう

パーティが決まったら
しょうたい状を作ってみよう。
よびたい人の名前
日にち、時間、場所
もち物、ドレスコードなどを
メモしておいて
しょうたい状にかきこもう。

パーティのテーマに
あわせて色や形を
デザインしよう。

色紙を半分におって
すきな形に切ると
すてきなカードができるよ。

ドレスコードって知ってる？

ドレスコードというのは
服そうのルールのこと。
たとえば「赤と白の服を着る」とか、
カレーパーティなら「ターバン風のぬのを
まいてくる」なんていうのもOK！
パーティのテーマにそって決めると
気分がますますのってくるよ。

今日のテーマは
水玉だよ！

スタイリングしよう

パーティのテーマにそって
テーブルをかざりつけしよう。
かんたんにできる3つのアイデアを
ごしょうかいします！

マスキングテープ

カラフルな色で自由に
線を引いてみよう。
はがせるので
じかにはってもOK。

オリジナルテーブルクロス

むじの大きな紙に絵をかいて
オリジナルクロスを作ろう。
くる人の名前をかいてもいいね！

ビニールふろしきクロス

大きめのビニールふろしきを
テーブルにかければ
よごれた時の
あとかたづけもかんたん！

もくじ

Contents

パーティしよう！　2
おりょうりの前に　3
パーティのじゅんび　4

モンスターハンバーガーパーティ　8

モンスターハンバーガー　10
ハンバーグ　11 
キャラメルポップコーン　12
アメリカンレモネード　13

おしずしパーティ　14

きほんの酢めし　16 
ごま酢めし　16
さくらでんぶ酢めし　16 
きんたまご　17
にんじんとしいたけのうす味煮　18  
おしずしを作ってみよう　19

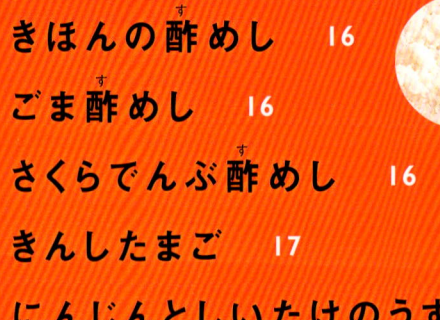

おもしろカレーパーティ　20

顔ナン　22 
キーマカレー　24
へんしんやさいグッズ　26
びっくりソーセージ　27 
ラッシー　27

パーティテーブルのアイデア 28

ぎょうざパーティ 30

きほんのぎょうざの具　32 
ポテトぎょうざの具　33
生春まきの具　33
きほんのつつみ方　34

ぼうしづつみ　34
花づつみ　35
生春まきのつつみ方　35

ぎょうざのやき方／ぎょうざのゆで方／ぎょうざのあげ方　36
たまごトロトロスープ　37

夜店パーティ 38

ミニアメリカンドッグ　40
トルネードソーセージ　41
らくがきたこせん　42 
たまごたこせん　42
プチおこのみやき　43 
ミニチョコバナナ　44
くじ引きアメ　45

インデックス　46

本書レシピを使用するにあたって
● 各ページに表記した調理時間は、調理をはじめるところからできあがりまでの、おおよその目安です。
● 計量スプーンは、大さじ1＝15ml、小さじ1＝5mlのものを使用しています。すりきりではかってください。
● ゴムべらは耐熱用のものを使用しています。
● レンジは家庭用レンジ（500W）を使用しています。メーカーによってかかる時間や温度がことなる場合がありますので、ようすを見ながら調理してください。
● たまごは指定のないものは、Mサイズを使用しています。
● バターは指定のないものは、有塩バターを使用しています。

モンスターハンバーガー

今にもしゃべりだしそうなハンバーガー。すきな具材をはさんでも！

調理時間 20分

材料
- ハンバーグ（レシピはP.11を見てね）
- レタス・ハンバーガー用のバンズ・バター
- トマト・チェダーチーズ　適量

トッピング　うずらたまご・ブラックオリーブ
ベーコン・スライスチーズ・サラダ油　適量

道具
- キッチンペーパー
- まな板
- ほうちょう
- なべ
- フライパン

1

レタスを水あらいし、キッチンペーパーで水気をふいて食べやすい大きさにちぎる。ハンバーガー用のバンズの切り口にバターをぬっておく。

2

トマトをあつさ1.5cmくらいの輪切りにする。

3

なべに水とうずらたまごをいれ、3分ゆでてかたゆでにする。からをむいて輪切りにし、ブラックオリーブも輪切りにする。

4
フライパンにサラダ油をいれ、中火でベーコンを両面やく。

5

バンズに具をはさむ。下からレタス、ハンバーグ、チェダーチーズ、トマトのじゅんばんに重ねてバンズをのせる。

6

ギザギザに切ったスライスチーズを歯に、ベーコンをしたに、うずらたまごとオリーブのスライスを目に見たてて、モンスターを作る。

スライスチーズの歯はトマトにくっつけるようにはる

ベーコンの舌はトマトとチーズのあいだにはさみこむ

ケチャップやマヨネーズ、マスタードはおこのみではさんでね

ハンバーグ（4コ分）

むしやきにすると、肉汁がとじこめられてジューシーに

35分
調理時間

材料
パン粉　1/2カップ　／　牛乳　大さじ2
玉ねぎ　1/2コ　／　あいびき肉　300g　／　たまご　1コ
しお　小さじ1.5
こしょう・ナツメグ・サラダ油　適量

ソース　中濃ソース　大さじ2　／　ケチャップ　大さじ3

道具
はかり　／　計量カップ
計量スプーン　／　ボウル
まな板　／　ほうちょう
フライパン　／　フライ返し
フライパンのふた
竹ぐし

1

ボウルにパン粉をいれ、牛乳をくわえてひたしておく。

2

玉ねぎをみじん切りにする。皮をむいてたて半分に切り、根元を切らないようにたてに細かく切れ目をいれる。次に横からスライスするように切れ目をいれる。

3

写真のように、切れ目とすい直に細かく切っていく（くわしい切り方はP.24を見てね）。

4

4等分したところ

ボウルにあいびき肉、1、3、たまごをいれ、しお、こしょう、ナツメグをくわえる。ねばりが出るまでよくまぜ、4つに分ける。

5

それぞれ形をととのえたら、両手で何回かキャッチボールするようにして中の空気をぬく。

6

フライパンにサラダ油をいれて中火にし、5の中心をへこませてならべ、やき色がついたらひっくり返す。

7

すべてひっくり返したらふたをし、弱めの中火で5〜6分むしやきにする。

8

竹ぐしをさして、すきとおった肉汁が出てきたらOK。ハンバーグを取りだす。

9

フライパンにのこった肉汁に、中濃ソースとケチャップをくわえてにつめ、ハンバーグをもどしてからめる。

キャラメルポップコーン（2コ分）

こうばしいあまさとポップコーンのしお味がおいしい

調理時間 15分

材料
グラニュー糖　30g
水　大さじ2
市販の
ポップコーン　20g

道具
はかり　／　計量スプーン
耐熱ボウル　／　ぐんて
ゴムべら
クッキングシート

1

キャラメル液を作る。耐熱ボウルにグラニュー糖、水をいれる。

2
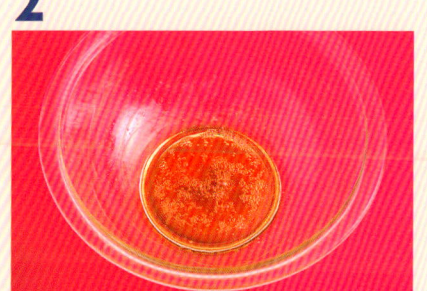
1を500Wのレンジに3分くらいかける。中のようすを見ながら、写真くらいの茶色になったら止める。色がうすい時はかける時間を10秒ずつのばす。

3

ぐんてをして2をレンジから取りだし、ボウルを少しゆすってキャラメル液を軽くまぜてから、ポップコーンをくわえる。

4

ポップコーンとキャラメルがからまるまで、ゴムべらでよくまぜる。

5

4をクッキングシートの上に出し、ぐんてをしたままシートの上から丸くにぎってかためる。

6

かたまってきたら、形をととのえる。

7

丸くしても細長くしてもOK！

えいが館でよく見かける
キャラメル味の
ポップコーンを手作り！
できたてはキャラメルが
パリパリして、
とてもおいしいよ。

アメリカンレモネード
あまずっぱくてさわやか！夏にぴったり

15分
調理時間

材料
グラニュー糖　180g
水　100ml
レモン果汁　80ml
（レモンは中サイズなら2コ、小サイズなら3コ分ぐらい）

道具
はかり　／　計量カップ
なべ　／　ゴムべら
レモンしぼり器
まぜるための容器

1

なべにグラニュー糖、水100mlをいれて火にかけ、弱めの中火にしてゴムべらでゆっくりとまぜる。グラニュー糖がすべてとけたら火を止め、さます。

2

レモンしぼり器で、レモンをしぼる。

3

容器に1、2をいれ、まぜてシロップを作る。

4
おこのみで、シロップの5倍量の水でうすめて飲む。水のかわりに炭酸でわったり、輪切りのレモンをいれてもおいしい。

レモネードって知ってる？
ハンバーガーが生まれたアメリカではむかしから、子どもたちが手作りしたレモネードを家の前で売って、おこづかいをかせぐんだって。レモンにはビタミンCがたくさんはいっているから、あせをかく夏にぴったりの飲み物なんだよ。

おしずし パーティ

おしずしは、おいわいごとにぴったり。
すきな絵がらをみんなで作って
ケーキみたいに切りわけて食べよう！

HAPPY BIRTHDAY!!

きほんの酢めし

これをマスターすれば、いろんなおすしが作れるよ

調理時間 15分

材料
ごはん
すし酢　1合に35ml
（下の写真では、ごはん5合にすし酢175ml）

道具
計量カップ
すしおけ（大きなボウルでもよい）
しゃもじ ／ うちわ ／ 手ぬぐい

1

ごはんはあらかじめたいておく。すしおけの内がわをよく水にぬらし、水気をふきとる。ごはんをすしおけにうつし、すし酢を全体にまわしかける。

2

酢をいれて10秒くらいたったら、しゃもじを大きく動かしてまぜる。

3

ごはんつぶがつぶれないよう、切るようにまぜてね

酢が全体にまざったら、酢めしをしゃもじでひろげてうちわでさます。さめたら、ぬらしてかたくしぼった手ぬぐいなどを、おけにふわりとかけておくとよい。

ごま酢めし

黒ごまと白ごまの
それぞれのこうばしさがグッド

調理時間 5分

材料
きほんの酢めし　3合
黒ごま　大さじ2.5
白ごま　大さじ2.5

酢めしを2つのボウルに1.5合ずつ分けていれ、それぞれにごまをくわえてまぜる。

さくらでんぶ酢めし

ほんのりあまくてかわいい
ピンクの酢めし

調理時間 5分

材料
きほんの酢めし　2合
さくらでんぶ　大さじ4

酢めしをボウルにいれ、さくらでんぶをくわえてまぜる。

きんしたまご

かたくり粉をいれると、たまごがやぶれにくいよ

10分
調理時間

材料
たまご 2コ
さとう 大さじ1
しお・かたくり粉 ひとつまみ
サラダ油 適量

道具
計量スプーン　フライパン
まぜるための容器　フライパンのふた
さいばし　まな板
ふきん　ほうちょう

1

容器にたまごをわりいれ、さいばしでしっかりとき、さとう、しお、かたくり粉をくわえてよくまぜる。ふきんを水でぬらしておく。

2

フライパンにサラダ油をいれ中火にし、1をゆっくりと流しいれる。

3

すぐにフライパンを左右にかたむけ、ときたまごをきんとうにひろげる。

4

3が写真くらいにかたまってきたら、フライパンを火からおろしてぬれぶきんの上にのせる。

5

すぐにふたをし、1分くらいそのままおいて、よぶんなねつを取る。

6

ふたを取って、写真のように表面がかわいて全体に火がとおっていればOK。

7

さいばしと手で、6をまな板の上に取りだす。

8

7を、はしからくるりと内がわにまきこむ。

9
できあがり！

まきおわったら、ほうちょうで細切りにする。

にんじんとしいたけのうす味煮

しっかり味をつけるので、味のアクセントになるよ

20分
調理時間

材料
ほししいたけ 4まい
にんじん（上のほうの部分）1/2本
A《だし汁 1カップ（粉末だしをといたものなど、家で使っているだしを使おう）
さとう・酒・みりん・しょうゆ 大さじ1.5ずつ
しお 少々》

道具
耐熱ボウル　ほうちょう
計量カップ　ピーラー
計量スプーン　なべ
ラップ　　　落としぶた
まな板

1

ほししいたけを耐熱ボウルにいれて水200ml（分量外）をくわえ、ラップをして500Wのレンジに4〜5分かけてもどす。

2
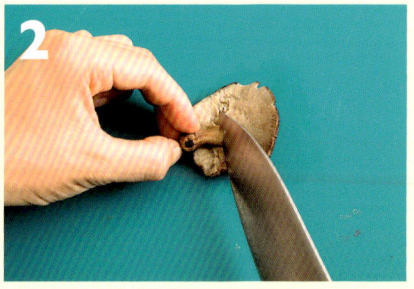
もどしたしいたけの石づきを、ほうちょうで取る。もどし汁はすてずに取っておく。

3

にんじんはピーラーで皮をむき、あつさ5mmくらいの輪切りにする。

ピーラーを使う時は気をつけて！

4

なべにもどし汁200ml、Aの材料をすべていれ、中火にかける。ふっとうしたら弱火にし、にんじんをいれて落としぶたをし、5分くらいにる。

5

4にほししいたけをくわえ、さらに弱火で5分にる。石づきをいっしょにいれてもOK。

6

このまま食べても、切ってかざりに使ってもよい。

いろいろな具材を用意してみよう
カットしたり型でぬいたりしておくと使いやすいよ

ちくわや魚肉ソーセージは、輪切りにしたり、さらに半分に切ってもOK。

やさいをさっとゆで、使いやすい大きさに切る。細長いものや小さなものを作っておくとべんり。うす味煮も、同じように切る。

ハムはストローで小さなあなをあけたり、すきな形に切ったり、型でぬく。

大きめのパプリカやにんじんなどは花型でぬくとかわいいアクセントに。
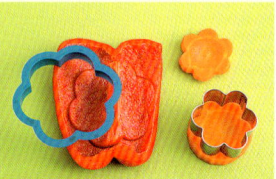

スライスチーズやのりで、文字や動物を作っても楽しいよ。

おしずしを作ってみよう

30分
調理時間

材料
酢めし（きほんの酢めし、ごま酢めし、さくらでんぶ酢めし）　おこのみで
酢めしの分量の目安
- 四角いかん（25×17×高さ5.5cm）　1段目＝白ごま酢めし 1.5合　／　2段目＝さくらでんぶ酢めし 1.2〜1.5合
- 丸いかん（直径19cm×高さ6cm）　1段目＝黒ごま酢めし 1.5合　／　2段目＝さくらでんぶ酢めし 1.2合

すきな具材（P.18を見てね）
スライスチーズ　／　ハム　／　のり　／　ほうれん草　／　スモークサーモン　／　スプラウト
魚肉ソーセージ　／　ちくわ　／　アスパラガス　／　パプリカ　／　にんじんとしいたけのうす味煮　など

道具　クッキーなどのかん　／　ラップ　／　トレー（まな板でもよい）　／　手水をいれるボウル

文字はぎゃくになるので反対向きにしてね

1 かんの内がわに、ラップを大きめにしく。一番下にしいたものがおしずしの表面にくると考えながら、具材をつめていく。

2 さらに具材をのせていく。下にならべた具材が動かないように、そっと上にのせること。

3 くっつかないように手に水をつけてほぐしながら、酢めしをつめる。下にならべた具材が動かないように、そっと上にのせること。

4 1段目の酢めしをつめおわったら、スモークサーモンをしきつめる。ゆでたほうれん草などでもよい。

5 さらに、2段目の酢めしをつめる。

6 はみだしたラップを内がわにおりたたみ、ラップがたりない部分には新しくラップをかぶせる。ラップの上から、手で全体をぎゅっとおす。

7 しっかりおしたら、ラップをかんの外がわにひらき、かんより大きめのトレーを上からかぶせる。

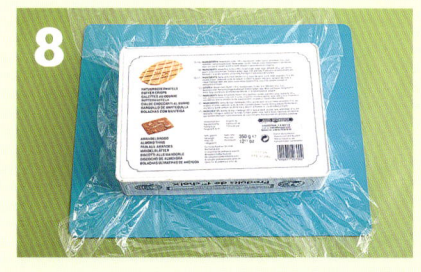
8 かんとトレーを、いっしょにひっくり返す。

9 かんをゆっくりとはずし、ラップを取る。

おもしろカレーパーティ

カレーといっしょに
ちょっとへんてこな食べ物が大集合！
食べるのも遊ぶのも
夢中になることまちがいなし！